TÚ, HUMANO, ERES UN SIMIO

Tú, humano, eres un simio
Primera edición: octubre de 2021
Título original: *We Are All Apes*

© 2021 Aron Ra (texto)
© 2021 Elisa Ancori (ilustraciones)
© 2021 Thule Ediciones, SL
Alcalá de Guadaíra 26, bajos. 08020 Barcelona
www.thuleediciones.com

Director de colección: José Díaz
Diseño y maquetación: Jennifer Carná
Traducción: Alvar Zaid

EAN: 978-84-18702-10-5
D. L.: B 14827-2021

Impreso por Índice Arts Gràfiques, Barcelona, España

MIXTO
Papel procedente de
fuentes responsables
FSC® C111592

TÚ, HUMANO, ERES UN SIMIO

Aron Ra

Ilustradora: Elisa Ancori

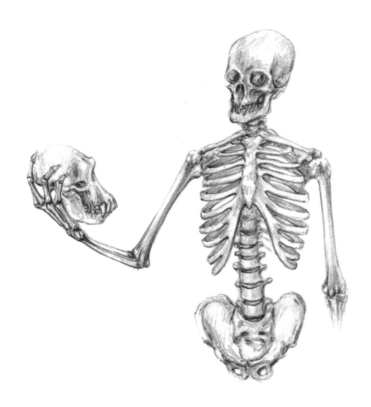

Colaboradora: SJ Beck

Asesor científico: José Ramón Alonso

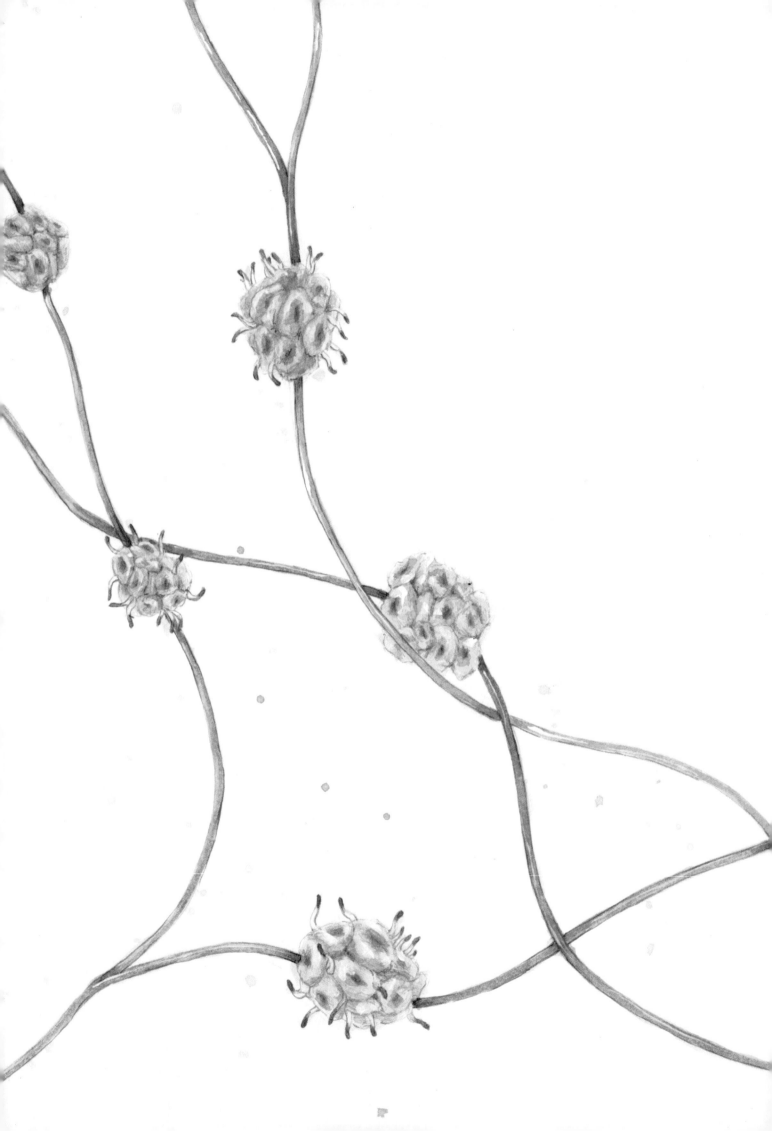

ERES UN ORGANISMO METABÓLICO

Como tal, básicamente no eres más que una
colección de proteínas replicantes organizadas
en células que funcionan según ciertas
reacciones y procesos químicos. Tu cuerpo
digiere alimentos, los convierte en energía y
sustancias básicas para tus células y elimina
los residuos. Todas tus células trabajan juntas,
como las piezas de un reloj, para formar un
organismo vivo: tú.

Te pareces a un virus en que tú también
tienes proteínas y ácidos nucleicos mutables
(ADN y/o ARN). Sin embargo, los virus carecen
de metabolismo propio y, por lo tanto, no se
les puede considerar vivos exactamente de
la misma manera que tú lo estás, pues para
reproducirse necesitan secuestrar la maquinaria
celular de huéspedes vivos, como tú.

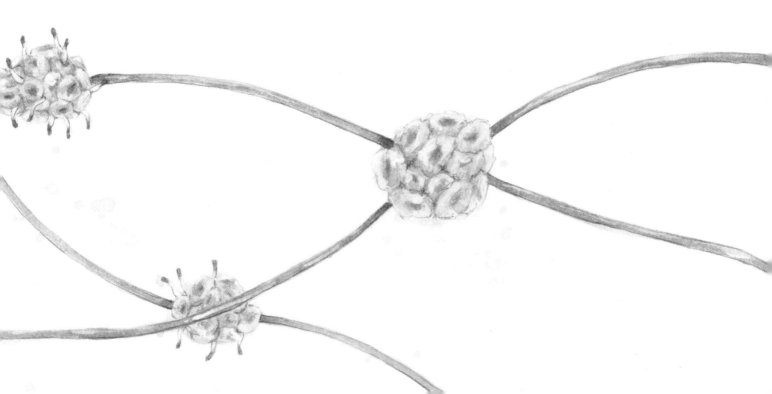

ERES UN EUCARIOTA

Toda la vida orgánica se distingue por diferencias estructurales en el ámbito celular entre los diferentes grupos de procariotas (fundamentalmente bacterias) y los eucariotas (nosotros). A diferencia de las células bacterianas o los virus, nuestras células disponen de ADN encapsulado en un núcleo, con algunas excepciones, como las células sanguíneas maduras, que se libran del núcleo a fin de aumentar el espacio disponible para el transporte de oxígeno. Del mismo modo, las células del cabello, las uñas y la capa externa de la piel sustituyen su núcleo por queratina a medida que maduran para endurecerse. Puedes cortarte las uñas y el pelo porque son células muertas. Por tanto, ni los virus ni las formas de vida procariotas son como nosotros: somos eucariotas.

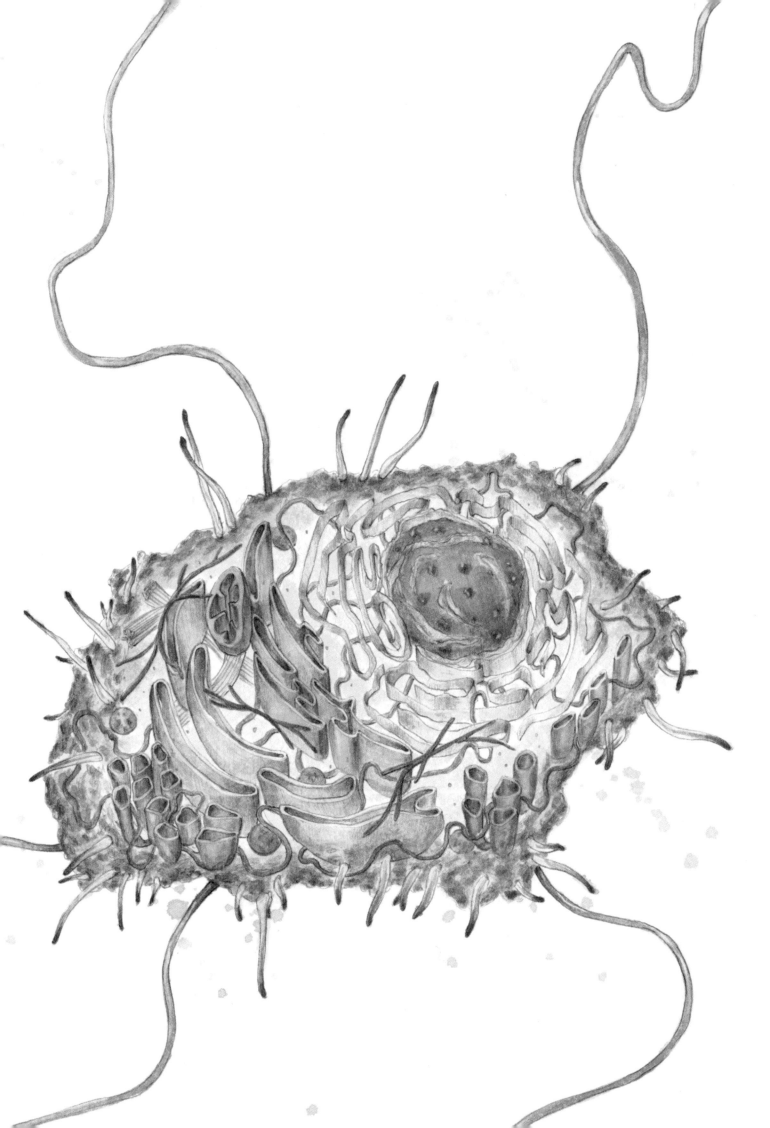

ERES UN ANIMAL

Algunos creacionistas argumentan que plantas, animales y
seres humanos no guardan ninguna relación entre sí, más
allá de un mismo creador. Argumentan con convicción que no
somos animales, como si hubiera algún insulto en tal asociación.
Sin embargo, de entre los cuatro reinos de formas de vida
eucariotas que existen, tú perteneces a uno de ellos: *Animalia*.

A diferencia de la mayoría de los otros reinos biológicos, como el
reino de las plantas, eres incapaz de elaborar tu propia comida
y debes compensarlo ingiriendo otros organismos. En otras
palabras, tu estructura más básica te exige matar a otros seres
vivos. De lo contrario, no tendrías forma de subsistencia.
Además, hay algunas diferencias anatómicas muy específicas
en la composición química y organización de nuestras células
metazoicas. Por ejemplo, las plantas disponen de cloroplastos
para aprovechar la energía del sol y tú no. Incluso su eliminación
de excrementos es más elegante. En lugar de defecar, un árbol
traslada los residuos a sus capas exteriores. Por lo tanto,
las páginas de este libro contienen excrementos vegetales.
La ventaja es que, como animal, tú sí puedes desplazarte para
buscar comida. No siempre es fácil ser verde.

Estos son los factores que definen y distinguen a un animal
como tú del resto de reinos de la vida. Dadas las alternativas:
plantas, mohos y hongos, y protistas unicelulares, ser un
animal debería parecerle deseable incluso al fundamentalista
más inflexible.

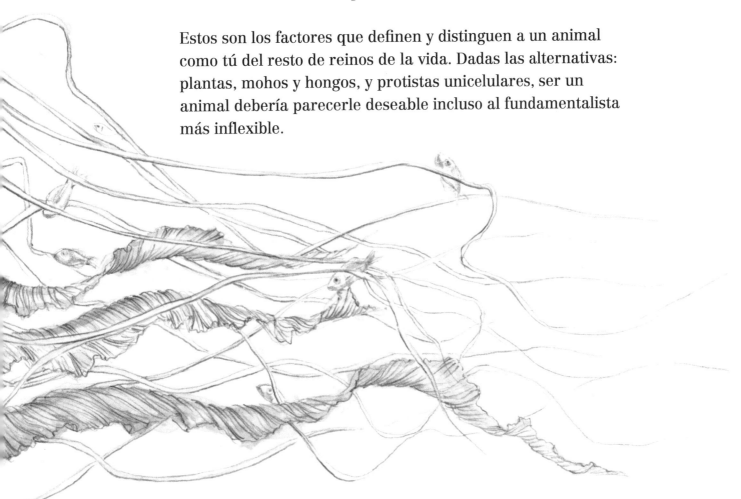

ERES UN CORDADO

Tienes un eje dorsal, la notocorda, y cada detalle físico diferencial que implica tal clasificación. También tienes un cráneo, que te clasifica como un craneado. Nota: No todos los cordados cuentan con cráneo, ni siquiera necesariamente con huesos.

En cuanto un cordado depositó suficiente calcio alrededor del cerebro para considerarse un cráneo, todos sus descendientes lo compartieron. A ello se debe que absolutamente todos los animales con cráneo, como tú, tengan una médula espinal que conecte el resto del cuerpo con el cerebro. Y eso es otro punto compartido que implica un ancestro común en oposición a un diseño común.

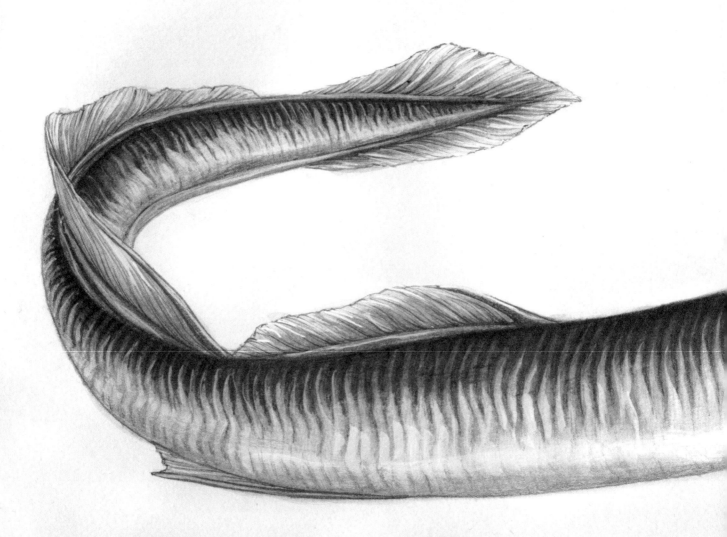

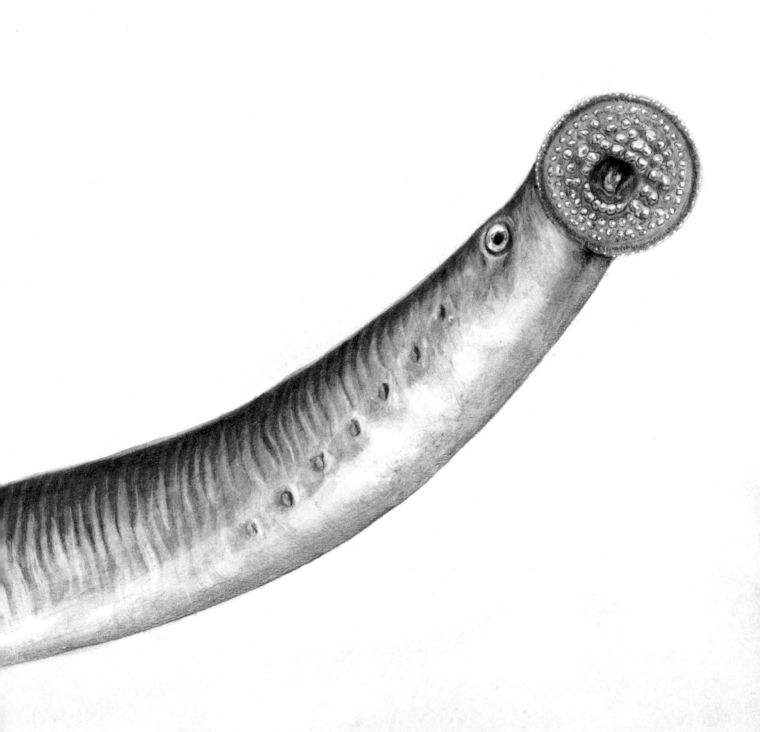

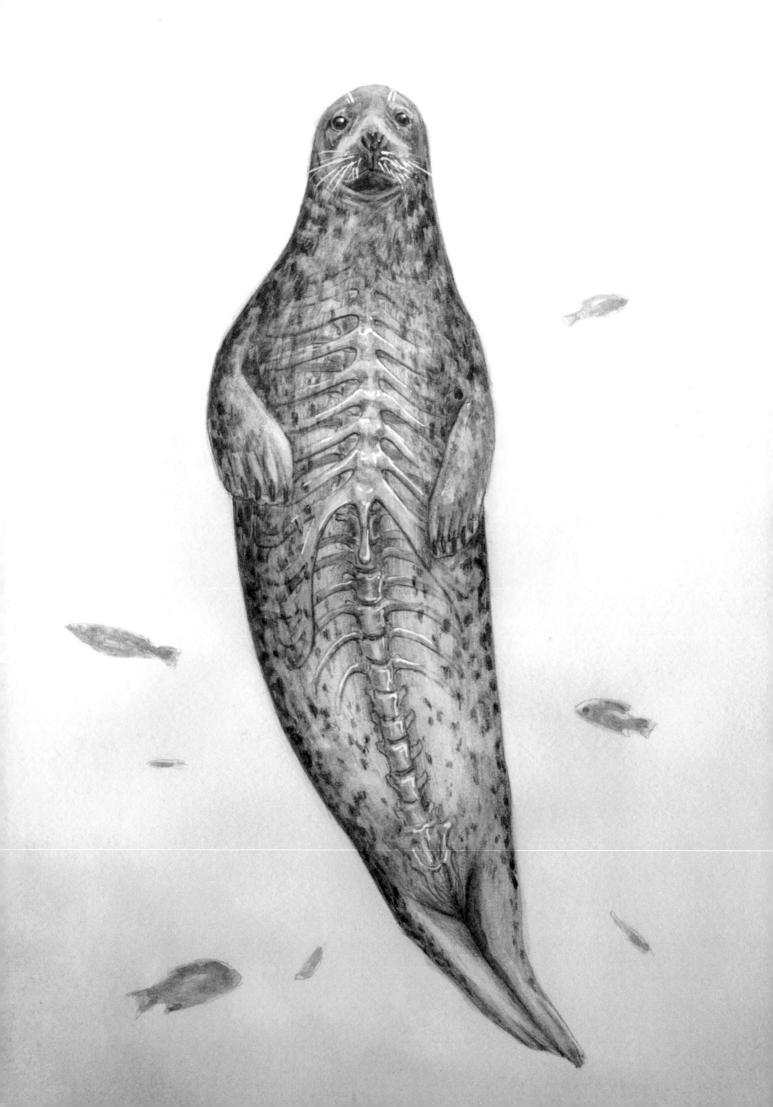

ERES UN VERTEBRADO

Como todos los mamíferos, aves, reptiles,
incluidos los dinosaurios, anfibios y la mayoría
de los peces, tienes una espina dorsal, una
columna vertebral. No todos los que tienen
una médula espinal cuentan con una columna
a su alrededor, pero todos los que tienen una
columna incorporan una médula espinal dentro,
lo que implica un ancestro común.

Todo animal que posee mandíbula y dientes
(*Gnathostomata*) también cuenta con un
espinazo. Y por supuesto, también tú los tienes,
lo que implica una historia evolutiva común.

ERES UN TETRÁPODO

Solo tienes cuatro extremidades, así que eres
como todos los demás vertebrados terrestres,
ranas incluidas. Incluso las serpientes y las
ballenas son tetrápodos, pues conservan vestigios
o evidencia fetal de los cuatro miembros. Esta
es otra característica compartida evidente que
implica una relación genética. Ciertamente no
hay una explicación creacionista para ello.

ERES UN SINÁPSIDO

A diferencia de los reptiles, incluidos los
dinosaurios, y las aves (que son todos diápsidos),
tu cráneo tiene una sola fenestra temporal,
un hueco tras cada ojo. En los humanos se ha
rellenado, pero aún podemos apreciar el contorno
donde el músculo temporal conecta la mandíbula
con el cráneo. Es una característica compartida
entre toda la vasta colección de «reptiles similares
a los mamíferos», actualmente extintos sin ningún
reconocimiento o explicación en la Biblia, ni a su
desaparición ni a su presencia previa.

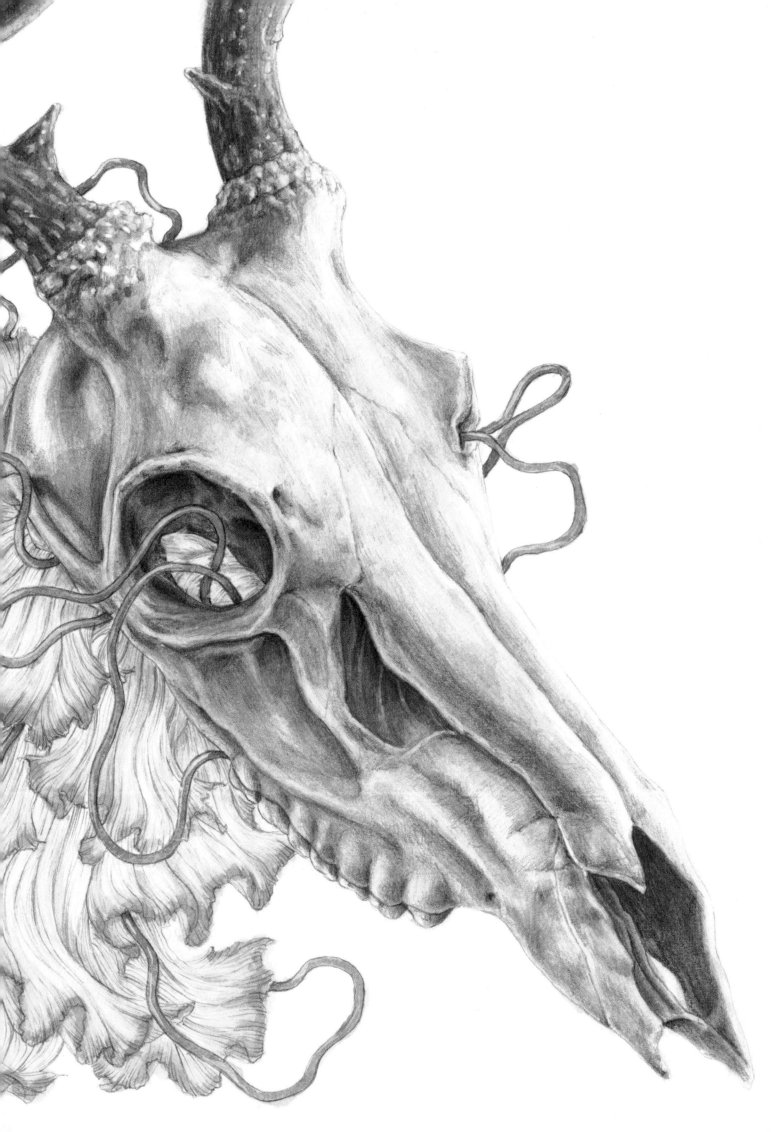

ERES UN MAMÍFERO

Eres homeotermo (de sangre caliente), poseedor de folículos pilosos y glándulas mamarias. La contrapartida, como metabolismo de sangre caliente, es que te obliga a comer más que los de sangre fría; así una serpiente apenas come una vez a la semana. Y por supuesto, no todos los sinápsidos son o fueron mamíferos, pero todos los mamíferos son sinápsidos, lo que implica un ancestro común.

ERES UN EUTERIO

O más específicamente, eres un mamífero
placentario, como casi todos los demás animales
lactantes, desde las musarañas hasta las ballenas.
Todos los euterios son mamíferos, pero no todos
los mamíferos son euterios. Hay seis divisiones
principales entre los mamíferos, de las cuales
únicamente sobreviven tres: aquellos que nacen
de huevos, como los ornitorrincos (monotremas),
los marsupiales, que nacen en la etapa fetal y
completan su desarrollo dentro de la bolsa de
la madre, y aquellos que se desarrollan en una
placenta con forma de torta y nacen en la etapa
infantil, como tú.

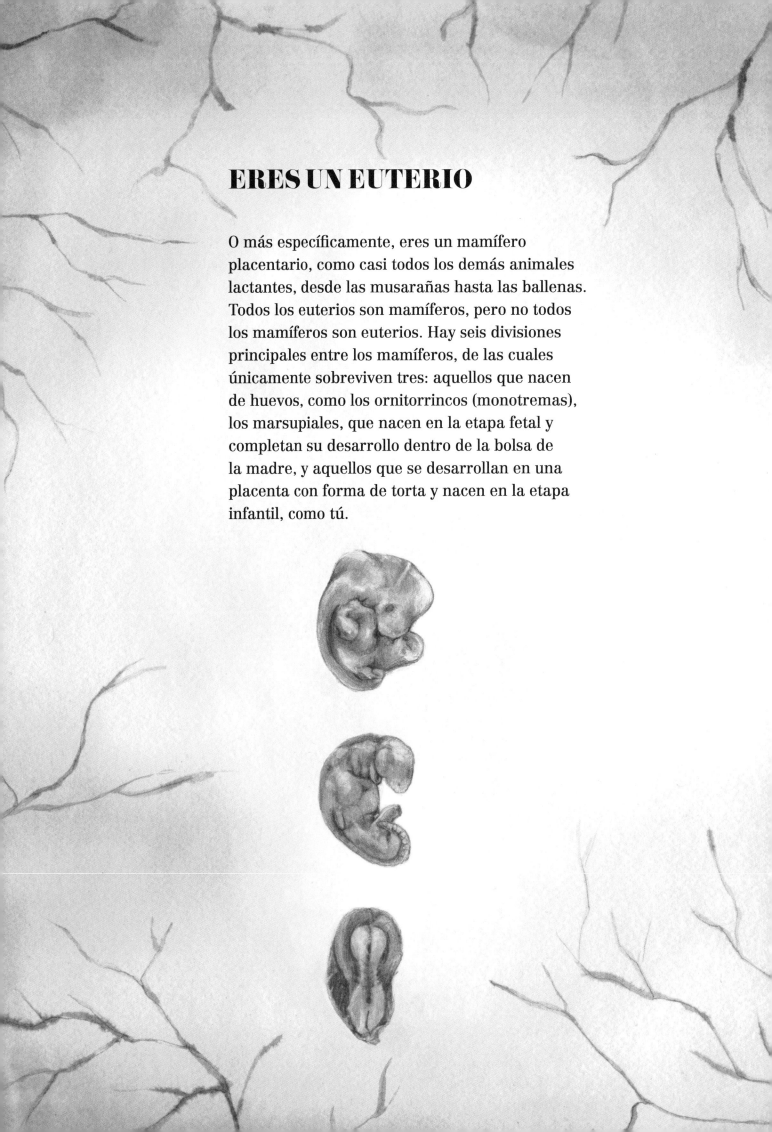

Tu propio desarrollo fetal parece revelar
una vía similar de desarrollo, desde una sola
célula hasta una criatura con aspecto de
renacuajo a la que luego, de los apéndices
con forma de aleta, le crecen miembros
y dedos para finalmente perder la cola.
Algunos considerarían esto como un indicio
de ascendencia común. Sobre todo porque
los embriones de las serpientes de cristal,
por ejemplo, en realidad tienen patas, pies
y preciosos deditos que el cuerpo reabsorbe
antes de eclosionar, lo que implica un ancestro
común. En algunos fósiles de serpientes
todavía se aprecian restos de pequeñas patas
traseras sin función alguna. Lo mismo sucede
con embriones de ballenas actuales o fósiles.

ERES UN PRIMATE

Tienes cinco dedos completamente desarrollados en cada pie y en cada mano. Los dedos de los pies todavía son prensiles y tus manos pueden agarrar con destreza. Solo tienes dos mamas y están en tu pecho en lugar de en tu abdomen, aunque los pezones no tienen sentido en los hombres, que también tienen un pene colgante. Además tienes un ciego, o apéndice, bien desarrollado, a diferencia del resto de mamíferos. Aunque tus colmillos son de tamaño reducido, todavía los conservas, junto con una dentición variada, propia y exclusiva de los primates. Tu pelaje es fino y relativamente escaso en la mayor parte del cuerpo. Y tus garras se han reducido a unas uñas planas y queratinosas. Tus dedos tienen unas características huellas dactilares. Del mismo modo que heredamos enfermedades y trastornos genéticos, estas anomalías genéticas también se dan en nuestros primos evolutivos del orden de los primates.

También eres susceptible al sida y eres mortalmente alérgico a la toxina del macho de la araña de embudo australiana (que es mortal para todos los primates, por lo que es mejor que tengas cuidado con ella). Y a diferencia de la mayoría de mamíferos, los primates como nosotros no podemos producir vitamina C de forma natural y debemos conseguirla a través de la dieta. Prácticamente todos estos rasgos individuales son exclusivos de los primates.

Apenas hay ningún otro organismo en la Tierra que coincida con cualquiera de estas descripciones por separado, sin embargo, absolutamente todos los lémures, tarsios, monos, simios, tú y yo las compartimos todas a la vez, lo que implica un ancestro común.

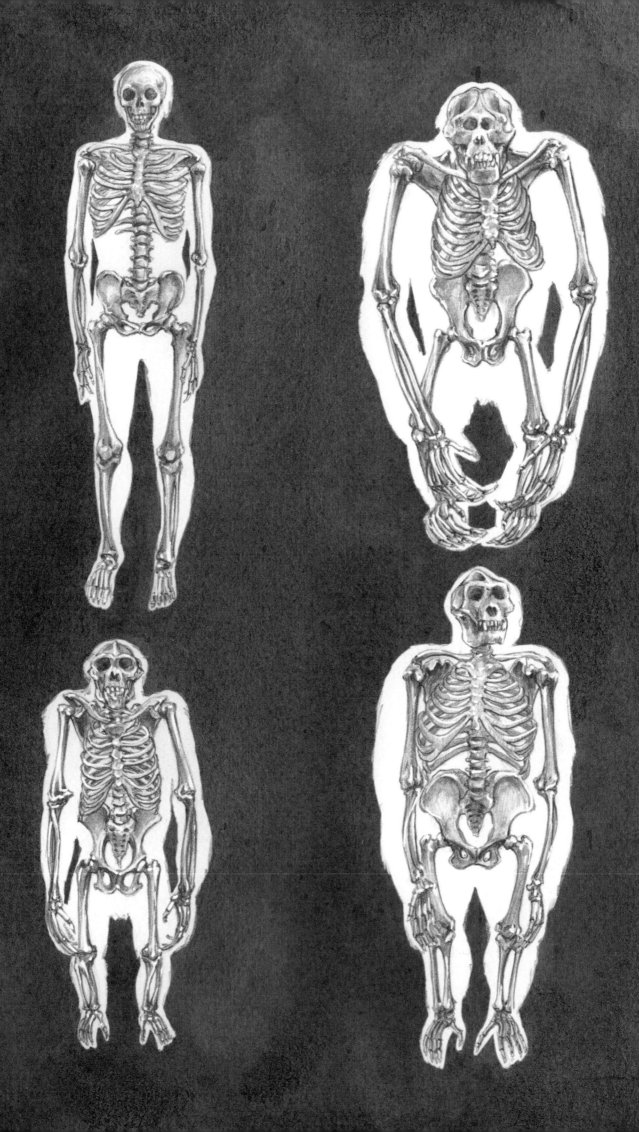

ERES UN SIMIO

Tu cola no es más que un trozo de hueso que ni siquiera sobresale de la piel. Tu dentadura incluye no solo colmillos vestigiales, sino incisivos, caninos, premolares y molares distintivos que poseen cinco cúspides interrumpidas por un surco en forma de «Y». Esto, junto con tus otros rasgos, como el gran aumento del rango de movimiento de tu hombro, así como un extraordinario aumento de la capacidad craneal y la tendencia a andar de forma bípeda, indica que tú no eres tan solo un cordado craneado vertebrado y un tetrápodo placentario mamífero primate, sino que, más específicamente, eres un simio, y así lo fueron tus padres antes que tú.

La similitud genética confirma la similitud
morfológica de manera bastante concluyente,
tal como el propio Charles Darwin predijo hace
más de 150 años. Aunque desde luego no tenía
ni idea del ADN, postuló que tanto el padre como
la madre deben aportan unidades hereditarias
de información. Predijo con bastante exactitud
el descubrimiento del ADN al mostrar que
algo así era necesario. Nuestra coincidencia
genética entre el 98,4% y el 99,4% explica
por qué tienes tal grado de parecido social,
conductual, sexual, de desarrollo, intelectual y
físico con los chimpancés. Coincidencias que no
son compartidas con ningún otro organismo del
planeta. Por lo tanto, somos diferentes especies
de la misma familia, literalmente. En todos
los aspectos, somos prácticamente idénticos.
Tú, humano, eres un simio.